BEI GRIN MACHT SICH IHR WISSEN BEZAHLT

- Wir veröffentlichen Ihre Hausarbeit, Bachelor- und Masterarbeit
- Ihr eigenes eBook und Buch - weltweit in allen wichtigen Shops
- Verdienen Sie an jedem Verkauf

Jetzt bei www.GRIN.com hochladen und kostenlos publizieren

Dayyan Smith

Die Figur des „Harry Potters" als Held. Eine Untersuchung des Heldenbegriffs

GRIN Verlag

Bibliografische Information der Deutschen Nationalbibliothek:

Die Deutsche Bibliothek verzeichnet diese Publikation in der Deutschen Nationalbibliografie; detaillierte bibliografische Daten sind im Internet über http://dnb.d-nb.de/ abrufbar.

Dieses Werk sowie alle darin enthaltenen einzelnen Beiträge und Abbildungen sind urheberrechtlich geschützt. Jede Verwertung, die nicht ausdrücklich vom Urheberrechtsschutz zugelassen ist, bedarf der vorherigen Zustimmung des Verlages. Das gilt insbesondere für Vervielfältigungen, Bearbeitungen, Übersetzungen, Mikroverfilmungen, Auswertungen durch Datenbanken und für die Einspeicherung und Verarbeitung in elektronische Systeme. Alle Rechte, auch die des auszugsweisen Nachdrucks, der fotomechanischen Wiedergabe (einschließlich Mikrokopie) sowie der Auswertung durch Datenbanken oder ähnliche Einrichtungen, vorbehalten.

Impressum:

Copyright © 2012 GRIN Verlag GmbH
Druck und Bindung: Books on Demand GmbH, Norderstedt Germany
ISBN: 978-3-656-38374-1

Dieses Buch bei GRIN:

http://www.grin.com/de/e-book/210202/die-figur-des-harry-potters-als-held-eine-untersuchung-des-heldenbegriffs

GRIN - Your knowledge has value

Der GRIN Verlag publiziert seit 1998 wissenschaftliche Arbeiten von Studenten, Hochschullehrern und anderen Akademikern als eBook und gedrucktes Buch. Die Verlagswebsite www.grin.com ist die ideale Plattform zur Veröffentlichung von Hausarbeiten, Abschlussarbeiten, wissenschaftlichen Aufsätzen, Dissertationen und Fachbüchern.

Besuchen Sie uns im Internet:

http://www.grin.com/

http://www.facebook.com/grincom

http://www.twitter.com/grin_com

Gymnasium Miesbach
Qualifikationsphase

Abiturjahrgang 2013

SEMINARARBEIT

im Fach Deutsch

Die Übernahme und Veränderungen typischer Märchen-, Mythen- und Sagenmotive im modernen Fantasyroman

Übernahme und Veränderung der Figur des Märchenhelden im Romanzyklus „Harry Potter"

Verfasser: Dayyan Smith

Leitfach: Deutsch

Abgabetermin: 06. November 2012

Inhaltsverzeichnis

1. Helden als Schlüssel des Erfolgs 4
2. Der Begriff Held 4
   2.1 Der Held im Mythos 5
   2.2 Der Held im Volksmärchen 6
3. Die Heldentaten 6
   3.1 Die Heldentaten Harry Potters 7
      3.1.1 Rettung des Stein der Weisen 7
      3.1.2 Suchen der Kammer des Schreckens 8
      3.1.3 Rettung von Sirius Black 8
      3.1.4 Konfrontation mit Lord Voldemort 8
      3.1.5 Rettungsaktion für Sirius Black 9
      3.1.6 Ergründung der Horkruxe 9
      3.1.7 Töten Voldemorts 10
   3.2 Die Heldentaten Neville Longbottoms 10
      3.2.1 Nevilles Konfrontation mit seinen Freunden 10
      3.2.2 Neville in Dumbledores Armee 10
      3.2.3 Nevilles Rückkehr nach Hogwarts trotz Gefahr 11
      3.2.4 Zerstörung des letzten Horkruxes 11
4. Einflüsse aus Mythos und Märchen auf die Schaffung der Romanhelden Harry Potter und Neville Longbottom 11
   4.1 Harry Potter 11
      4.1.1 Einflüsse aus dem Mythos 12
         4.1.1.1 König Artus 12
         4.1.1.2 Merlin 12
      4.1.2 Einflüsse aus dem Märchen 13
         4.1.2.1 Der Aschenputtel-Typus 13

		4.1.2.2	Veritabler Held 14

- 4.2 Neville Longbottom 15
  - 4.2.1 Einflüsse aus dem Mythos 15
  - 4.2.2 Einflüsse aus dem Märchen 15
5. Fazit 16
6. Harry Potter als Kommunikationsangebot 16
7. Quellenverzeichnis 17
   - 7.1 Primärliteratur 17
   - 7.2 Sekundärliteratur 17

1. Helden als Schlüssel des Erfolgs

„Er wird berühmt werden – eine Legende –, (...) – ganze Bücher wird man über Harry schreiben – jedes Kind in unserer Welt wird seinen Namen kennen!"[1]

Was Professor McGonagall für die Zaubererwelt vorhergesagt hat, trifft nun auch für die reale Welt zu: J.K. Rowling hat zweifelsohne ein Phänomen geschaffen.[2]

Der außergewöhnliche Erfolg der Autorin ist vielleicht auch auf ihre besondere Art, die Figuren in der Geschichte zu gestalten, zurückzuführen. J.K. Rowling schafft in ihren Romanen Helden, mit denen sich der Leser identifizieren kann. Die Helden haben Ängste und Selbstzweifel, in den entscheidenden Momenten aber die Hoffnung und die Zuversicht, siegen zu können. Auf dem Weg durch das Abenteuer gibt es Niederlagen, die jedoch bewältigt werden, Probleme für die der Held eine Lösung findet.

Viele der magischen Elemente der Heptalogie lassen den Leser an die fantastische Welt des Märchens und des Mythos' denken, und es stellt sich die Frage, ob J.K. Rowling bei der Schaffung ihrer Helden von diesen beeinflusst wurde.

Um diese Frage zu beantworten, ist es interessant, davor den Held im Allgemeinen und die Heldentaten im Besonderen näher zu untersuchen. Dabei wird voererst Harry Potter, aufgrund seiner „klassischen" heldenhaften Eigenschaften, bei der allgemeinen Untersuchung des Heldenbegriffs, betrachtet.

Als zweiter Held wird Neville Longbottom hinzugezogen, um die Untersuchung der Heldentaten und Einflüsse zu erweitern und damit ein umfangreicheres Bild zu schaffen.

2. Der Begriff Held

Ein Held kann unterschiedlich definiert werden:

Die Soziologie sieht das Bedürfnis nach Helden vor allem in Zeiten der Krise. Besonders dann brauchen die Menschen Hoffnungsträger, die ihnen Mut machen.

---

[1] HP I S. 19

[2] Vgl. Göbel: Harry Potter. „http://www.grin.com/de/e-book/41911/harry-potter", aufgerufen am 02.11.12

In der Religion setzen sich die Helden für die Sache Gottes ein: Bei der Verbreitung des Glaubens und der Umsetzung der Lehren bleiben sie auch in schwierigen Zeiten standhaft, und opfern mitunter sogar ihr Leben.

Die Literatur bezeichnet den Protagonisten oft schlicht und einfach als Held, was aber nicht heißt, dass es keine Hauptfiguren mit heldenhaften Eigenschaften gibt, auf die der Begriff des Helden dann doppelt zutrifft.

Im Alltag begegnen einem Helden unter anderem in Form von Vorbildern. Die ersten Helden sind wohl die Eltern. Zu ihnen wird aufgeblickt, sie beschützen einen und vermitteln ein Gefühl der Geborgenheit. Später können auch andere Familienmitglieder, Freunde, Kollegen, Lehrer oder Mitschüler als Helden gelten. Weiterhin können auch Sportler, Schauspieler oder Musiker Vorbilder sein, die geschätzt und bewundert werden.

Zu den realen Helden kommen auch noch die fiktiven Helden, die sich in Märchen, Mythen und Sagen, Filmen und Büchern finden lassen.

Harry Potter verbindet verschiedene Definitionen des Helden: Als „der Auserwählte" ist er Hoffnungsträger einer ganzen Generation von Zauberern und Hexen, er riskiert sein Leben im Kampf gegen das Böse und ist ein Vorbild für seine Freunde.

2.1 Der Held im Mythos

Die Figur des Helden hat ihren Ursprung im antiken Heros. Der Duden definiert den mythologischen Helden als einen „durch große und kühne Taten besonders in Kampf und Krieg sich auszeichnende[n] Mann edler Abkunft".[3] Die etwas lockerere Definition der Wikipedia besagt, dass der Held aufgrund seiner Abstammung oder eines Omens zu demselben werden, und auch aus einem Nichtsnutz hervorgehen kann, der durch eine heroische Tat zum Helden wird.[4]

Im Mythos spielen sich die Taten des Helden auf einer sogenannten Heldenreise ab. Sie beschreibt die Struktur des Mythos; typische Situationsabfolgen und Charaktere. Das Motiv der Heldenfahrt wurde durch Joseph Campbell erforscht, der herausfand, dass es eine archetypische Grundstruktur gibt, die alle Mythen miteinander

---

[3] „http://www.duden.de/rechtschreibung/Held", aufgerufen am 02.11.12
[4] „http://de.wikipedia.org/wiki/Held", aufgerufen am 02.11.12

verbindet, und er nennt diese, nach einem Begriff von James Joyce, Monomythos.[5] Die Heldenreise verläuft nach einem bestimmten Muster, das Stephen Brown auch in der Harry Potter Geschichte sieht:

> „Die Geschichte fügt sich perfekt in den zwölfstufigen Geschichtenbogen ein, der zahllosen erfolgreichen Filmen zugrunde liegt (…). Basierend auf Joseph Campbells hochgerühmtem ‚Monomythos' (…) beginnt dieser Geschichtenbogen an einem Schauplatz in der normalen Welt (…), auf den ein Ruf zum Abenteuer (…) folgt, kulminiert in einer entscheidenden Prüfung (…) und schließt ab mit der Rückkehr des älteren und gereiften Protagonisten in die normale Welt (…)."[6]

2.2 Der Held im Volksmärchen

Eines der Merkmale des Volksmärchen ist die Flächenhaftigkeit: Im Märchen fehlt es den Figuren an körperlicher sowie seelischer Tiefe. Nur selten werden ihnen Körper- oder Charaktereigenschaften zugewiesen.[7] Archetypen wie Fee, Prinz, Zauberer oder Teufel stellen einen typischen Fall von Menschentyp dar: Dieser ist überzeichnet und wenig individuell.[8]

Der Romanheld basiert auf verschiedenen Archetypen und Motiven, was den Vergleich mit Märchen sehr umfangreich machen würde. Ausgeprägtere Wesenszüge des Helden machen eine Untersuchung dennoch, auch im Rahmen dieser Arbeit, sinnvoll.

3. Die Heldentaten

Im Romanzyklus um den Titelhelden Harry Potter lassen sich viele Heldentaten finden, die meist mit dem Kampf gegen Voldemort in Verbindung stehen. Die Heldentaten sind Leistungen, zu denen Figuren aufgrund ihrer Fähigkeiten oder Eigenschaften bewegt werden.[9]

---

[5] „http://de.wikipedia.org/wiki/Heldenreise", aufgerufen am 28.10.12

[6] Brown: Die Botschaft des Zauberlehrlings. Die Magie der Marke Harry Potter, S. 79

[7] Vgl. Lorenz: Märchen. „http://www.seminar-becker.de/Hauptskripte1/Skripte%20GP/MaerchenReferat.doc", aufgerufen am 03.11.12

[8] „http://www.gutefrage.net/frage/kann-mir-jemand-sagen-was-ein-archetyp-ist", aufgerufen am 03.11.12

[9] Vgl. „http://de.wikipedia.org/wiki/Held", aufgerufen am 29.10.12

Meist am Ende eines jeden, jeweils ein Jahr umfassenden, Buches der Harry Potter Reihe steht eine besonders herausragende Heldentat, die eine Konfrontation mit dem Bösen darstellt. Dabei ist diese besondere Tat aber nicht die einzige, die Harry Potter im jeweiligen Band zuzuschreiben ist.

Neville und Harrys Schicksale sind ineinander verflochten; die Prophezeiung hätte auf beide Jungen zutreffen können. Mit dem Angriff auf Harry hat Voldemort selbst festgelegt, dass Harry derjenige ist, der ihm ebenbürtig sein wird.[10] Dies spiegelt sich auch in Harrys Heldentaten wider, aber auch Neville zeigt sein Potential.

3.1 Die Heldentaten Harry Potters

Am Anfang des Romanzyklus' werden die Quests, auf die sich Harry begibt, von Voldemort initiiert. Als Quest wird die Heldenreise bezeichnet, in deren Verlauf der Held verschiedene Aufgaben löst.[11] In den letzten zwei Büchern trifft Harry aus sich heraus die Entscheidung, Voldemort zu bekämpfen: Aus dem reaktiven wird ein proaktiver Held.

3.1.1 Rettung des Stein der Weisen

Im ersten Buch wird Voldemorts Quest, den Stein der Weisen zu finden, um unsterblich zu werden, zur Quest Harrys. Harry glaubt, der einzige zu sein, der Voldemort aufhalten kann. Die Quest leitet von einem Hindernis zum nächsten, und während er anfangs von Ron und Hermine begleitet wird, ist er es alleine, der die Quest beenden und den Stein vor Voldemort retten muss.[12] Er behält einen kühlen Kopf und zeigt auch sein „Talent dafür, Dinge zu sehen, die anderen verborgen bl[ei]ben".[13]

---

[10] Vgl. HP V S. 989

[11] Vgl. „http://de.wikipedia.org/wiki/Quest", aufgerufen am 04.11.12

[12] Vgl. Morris: Elements of the Arthurian Tradition in Harry Potter. „http://accio.zymurgy.org/05/proc/phyllismorris.pdf", aufgerufen am 01.11.12

[13] HP I, S. 301 – S. 311

3.1.2 Suchen der Kammer des Schreckens

Die Quest im zweiten Buch ist es, die Kammer des Schreckens zu finden, um das Monster Slytherins davon abzuhalten, muggelstämmige Schüler zu töten.[14]
Bei einer Konfrontation mit Tom Riddle kommt Harry das Schwert Godric Gryffindors zur Hilfe, mit dem er den Basilisken tötet.[15] Es wird für Harry klar, dass er ein wahrer Gryffindor ist, der sich durch seinen Mut auszeichnet.

3.1.3 Rettung von Sirius Black

Im dritten Buch möchte Harry herausfinden, wie man Dementoren abwehrt, und im Verlauf des Erlernens des Patronus Zaubers findet er heraus, dass Glückseligkeit die Lösung für Angst ist. Harry findet seinen Vater in sich wieder und rettet seinen Patenonkel.[16]

Im Verlauf des Abenteuers um die Rettung von Sirius Black möchte er dem vom Grim verschleppten Ron folgen. Die Situation scheint zunächst aussichtslos, da ihn die Schläge der Peitschenden Weide zurückhalten, aber Harry möchte seinen Freund nicht im Stich lassen.

Zurück aus der Heulenden Hütte wird Black von den Dementoren gefasst. Nach einem Hinweis Dumbledores reisen Hermine und Harry in die Vergangenheit und retten Hagrids Hippogreif Seidenschnabel vor der Exekutierung und mit ihm Black vor dem Kuss der Dementoren.

3.1.4 Konfrontation mit Lord Voldemort

Die Quest im vierten Buch ist in drei kleinere aufgeteilt: Harry muss einem Drachen ein goldenes Ei stehlen, Ron aus den Tiefen des Sees retten und durch ein Labyrinth zum Trimagischen Pokal gelangen, der ihn zu einer Konfrontation mit Voldemort führt.

Bei der letzten Aufgabe des „Trimagischen Turniers" verteidigen sich Harry und Cedric zusammen gegen Viktor Krum. Verletzt, unmittelbar vor dem Pokal liegend, fordert Harry Cedric auf, sich den Pokal zu holen, obwohl er noch kurz zuvor das

---

[14] Vgl. Morris: Elements of the Arthurian Tradition in Harry Potter.
„http://accio.zymurgy.org/05/proc/phyllismorris.pdf", aufgerufen am 01.11.12

[15] „http://de.harry-potter.wikia.com/wiki/Godric_Gryffindor", aufgerufen am 29.10.12

[16] Vgl. Morris: Elements of the Arthurian Tradition in Harry Potter.
„http://accio.zymurgy.org/05/proc/phyllismorris.pdf", aufgerufen am 01.11.12

große Verlangen hatte, vor Cedric den Pokal zu erreichen. Sie einigen sich darauf, den Pokal zusammen anzufassen, und finden sich, weil der Pokal ein Portschlüssel ist, auf einem Friedhof wieder, auf dem Cedric getötet wird. Harry wird von Voldemort gefoltert; auf die Frage, ob er die Folter wiederholen möchte, weigert sich Harry zu verneinen. Bei einem Duell mit Voldemort entkommt er diesem. Dann nimmt er die Leiche Cedrics zurück nach Hogwarts.

3.1.5 Rettungsaktion für Sirius Black

In Harrys Träumen gibt es eine schwarze Tür, deren Bedeutung er herausfinden möchte und findet sich auf einer Quest wieder, die Prophezeiung zu entdecken.[17]

Harry befürchtet die Folterung seines Patenonkels im Zaubereiministerium und will diesen retten. Zusammen mit einem Teil von Dumbledores Armee, welche Harry gegründet hat, um seine Mitschüler in der Verteidigung gegen die Dunklen Künste auszubilden, wehrt er sich gegen die Gefolgsleute Voldemorts. Der zur Hilfe gekommene Dumbledore duelliert sich mit dem nun erschienenen Voldemort. Dieser ergreift Besitz von Harry, der sich, unter unsagbaren Schmerzen leidend, den Tod wünscht, durch den er wieder mit seinem Patenonkel vereint sein würde. Das Gefühl der Liebe, welches er bei diesem Gedanken verspürt, befreit ihn dann aber.[18]

3.1.6 Ergründung der Horkruxe

Harry weiß, dass er zuerst die Horkurxe finden und zerstören und dann Voldemort selbst töten muss.[19]

Er erfährt von Dumbledore über die Horkruxe Voldemorts und begleitet ihn auf der Suche nach einem solchen. Harry hält sein Versprechen an Dumledore und flößt ihm eine Flüssigkeit ein, die dem Schulleiter offensichtlich Schmerzen bereitet. Zurück in Hogwarts wird Dumbledore von Snape umgebracht und Harry versucht, seine Flucht bei einem Duell zu vereiteln.

---

[17] Vgl. Morris: Elements of the Arthurian Tradition in Harry Potter.
„http://accio.zymurgy.org/05/proc/phyllismorris.pdf", aufgerufen am 01.11.12

[18] Vgl. HP V S. 991

[19] Vgl. Morris: Elements of the Arthurian Tradition in Harry Potter.
„http://accio.zymurgy.org/05/proc/phyllismorris.pdf", aufgerufen am 01.11.12

3.1.7 Töten Voldemorts

Harry entscheidet, sich auf die Suche nach den Horkruxen zu gehen, und wird von Hermine und Ron begleitet. Lupin bietet dem Trio seine Hilfe an, die Harry aber ablehnt, um ihn nicht in Gefahr zu bringen. Harry lässt sich durch den großen Verlust bei der Schlacht von Hogwarts nicht verunsichern. Nachdem er die Erinnerungen Snapes gesehen hat, wird Harry bewusst, dass er sein Leben opfern muss, um Voldemort sterblich zu machen. Er entschließt sich, dies zu tun und stellt sich Voldemort widerstandslos. Von Voldemorts Todesfluch wird jedoch nur Voldemorts Seelenstück in Harry vernichtet, nicht aber Harry, der durch das Opfer seiner Mutter geschützt ist. Daraufhin tötet Harry Voldemort.

3.2 Die Heldentaten Neville Longbottoms

Neville ist in seinen ersten Jahren auf Hogwarts ein meist schüchterner, tollpatschiger, introvertierter Junge. Seine Herausforderungen bestehen im Wesentlichen darin, die alltäglichen Dinge des Lebens zu meistern, die Dinge, die seinen Mitschülern scheinbar leicht fallen. Aber vor allem in seinen letzten Jahren auf der Schule zeigt er Mut, so wie einen starken Willen durchzuhalten.

3.2.1 Nevilles Konfrontation mit seinen Freunden

Neville stellt sich seinen Freunden in den Weg, als diese den Gryffindor Turm verlassen wollen. Er möchte verhindern, dass weitere Regeln gebrochen werden und ist bereit zu kämpfen. Sein Versagen darin führt jedoch zu einem größeren Triumph. Dumbledore stellt diese Art von Mut auf die gleiche Stufe wie den Mut sich Feinden entgegenzustellen.[20]

3.2.2 Neville in Dumbledores Armee

Neville haben die Treffen von Dumbledores Armee sehr geholfen, sich zu entwickeln. „Neville war nicht wiederzuerkennen, so gut war er geworden."[21] Als Harry zum Ministerium aufbrechen möchte, um seinen Patenonkel zu retten, setzt sich Neville dafür ein, dass Luna, Ginny und er mitkommen dürfen. Er sagt, alle seien zusammen in Dumbledores Armee gewesen, es sei darum gegangen, gegen Voldemort zu

---

[20] Vgl. HP I S. 332
[21] Vgl. HP V S. 533

kämpfen, und es sei jetzt die erste Möglichkeit, etwas Handfestes zu tun.[22] Auch in den folgenden zwei Jahren spielt Neville eine bedeutende Rolle in „Dumbledores Armee" und bei ihren Kämpfen.

3.2.3 Nevilles Rückkehr nach Hogwarts trotz Gefahr

Neville kehrt als einziger männlicher Gryffindor seines Jahrgangs nach Hogwarts zurück, obwohl Voldemort die Schule kontrolliert. Er baut zusammen mit Luna Lovegood und Ginny Weasley Dumbledores Armee weiter aus und wird zu einem unermüdlichen Widerstandskämpfer; sein Einsatz bei der Schlacht um Hogwarts ist von großer Bedeutung.

3.2.4 Zerstörung des letzten Horkruxes

Bei der Schlacht von Hogwarts zieht Neville genau wie Harry das Schwert Godric Gryffindors aus dem Sprechenden Hut, tötet mit ihm Voldemorts Schlange Nagini, und zerstört damit den letzten Horkrux.

4. Einflüsse aus Mythos und Märchen auf die Schaffung der Romanhelden Harry Potter und Neville Longbottom

Die Einflüsse auf die beiden Charaktere lassen sich am besten gruppiert nach Charakter und Quelle des Einflusses darstellen.

4.1 Harry Potter

Harry Potter trägt einen gewöhnlichen Vor- und Nachnamen, aber sein zweiter Vorname „James", der Vorname seiner Vaters, lässt sich direkt mit Harrys Bestimmung, den Dunklen Lord zu besiegen in Verbindung bringen: „James" ist eine englische Form des Namens „Jakob", der wiederum die latinisierte Form des hebräischen Namens יַעֲקֹב, Ja'aqov, ist.[23] In der Legenda aurea wird der Name übersetzt: Jakob ist derjenige, der zu Fall bringt, dem Teufel ein Bein stellt.[24]

---

[22] Vgl. HP V S. 894

[23] „http://de.wikipedia.org/wiki/James_(Name)", aufgerufen am 31.10.12

[24] Vgl. „http://www.hp-fc.de/hpfc/inhalte/de/personen/personen.php?Stufe=Gruppierungen;Dumbledores_Armee&Person=Harry_Potter", aufgerufen am 31.10.12

4.1.1 Einflüsse aus dem Mythos

J.K. Rowling erklärt, in einem Interview mit *The Guardian,* der König Artus aus T.H. Whites Erzählungen sei ein geistiger Vorfahr Harrys. Diese Aussage der Autorin lässt die Untersuchung noch interessanter werden.

Auf Harry treffen die Definitionen des mythologischen Helden zu: Er stammt von begabten Zauberern ab,[25] und seine Bestimmung, der Bezwinger Voldemorts zu sein, wurde durch die Prophezeiung Trelawneys vorhergesagt. Zusätzlich kann in Harry auch der Nichtsnutz gesehen werden, der sich zum Helden entwickelt.

4.1.1.1 König Artus

Harry Potter und König Artus verbindet das ihnen beiden vorherbestimmte Schicksal. Merlin weiß, weil er die Zukunft schon erlebt hat, dass Artus König werden und Britannien vor den Sachsen retten wird. Harrys Schicksal ist durch die Prophezeiung Sybill Trelawneys bestimmt, welche besagt, dass er die einzige Person ist, die dazu in der Lage sein wird, Voldemort zu besiegen. Außerdem sind Harry und Artus Kinder von Eltern, die jung sterben; sie wachsen als Waisenkinder in Pflegefamilien auf. Bis zu einem gewissen Alter sind sie sich beide ihrer wahren Identität und Aufgabe nicht bewusst. Eines Tages nimmt der Mentor sie dann mit in das für sie vorherbestimmte Abenteuer. Die Helden vollbringen schon in jungen Jahren große Taten: Artus wird noch als Jugendlicher König und beweist sich als fähiger Führer, Harry rettet mit elf Jahren den Stein der Weisen vor Voldemort und bezwingt diesen nur sechs Jahre später. Beide setzen sich dafür ein, ihre Leute vor dem Untergang zu bewahren.[26]

4.1.1.2 Merlin

Aber nicht nur mit Artus, sondern auch mit Merlin weist Harry Potter Ähnlichkeiten auf, wenn diese auf den ersten Blick auch schwierig zu erkennen sind, da einen vielleicht die offensichtlicheren Parallelen zwischen Merlin und Albus Dumbledore, sowie Artus und Harry Potter blenden. Merlin ist als Sohn des Teufels allwissend; die Fähigkeit zu sehen was war, ist und sein wird, hat er von seinem Vater bekommen.

---

[25] Vgl. HP III S. 388; S. 455

[26] Vgl. Morris: Elements of the Arthurian Tradition in Harry Potter. „http://accio.zymurgy.org/05/proc/phyllismorris.pdf", aufgerufen am 01.11.12

Auch in Harry sind, seit dem Angriff auf ihn, Elemente des Bösen zu finden: So spricht er die Sprache der Schlangen, von der „[j]eder weiß, [dass es] das Erkennungszeichen eines schwarzen Magiers [ist]"[27]. Ein weiterer Hinweis auf die Existenz von Bösem in ihm ist die mysteriöse, telepathische Verbindung mit Voldemort, die es ihm in bestimmten Situationen ermöglicht, Voldemorts Gedanken zu sehen.[28] Der Grund dafür ist, dass ein Teil von Voldemorts Seele, bei dem Töten von Harrys Mutter in den jungen Harry übergegangen ist.

4.1.2 Einflüsse aus dem Märchen

Der Leser lernt Harry Potter als ein Aschenputtel[29] der Gegenwart kennen. Auch ist er ein veritabler Held, dessen Ursprung aus dem Märchen jedoch nicht eindeutig zu beweisen ist.

4.1.2.1 Der Aschenputtel-Typus

Sonja Loidl stellt fest, Harry Potter sei ein Aschenputtel-Typus.[30] Auch noch im fünften Buch wird Harry, obwohl seine Verhältnisse sich durchaus gebessert haben, immer noch folgendermaßen beschrieben:

> „Es war ein schlaksiger, schwarzhaariger Junge mit Brille, der ausgezehrt und leicht ungesund wirkte wie jemand, der in kurzer Zeit recht schnell gewachsen war. Seine Jeans war dreckig und zerrissen, sein T-Shirt ausgeleiert und verblichen, und die Sohlen seiner Turnschuhe schälten sich vom Oberleder. Harry Potters Äußeres machte ihn nicht lieb Kind bei den Nachbarn (...)"[31]

Harry wird, auch in seiner Anwesenheit, oft nur „der Junge" genannt[32]; Aschenputtels richtiger Name wird nie erwähnt. Auch in Hinsicht auf die Arbeiten, welche Harry ausführen muss, erinnert er an Aschenputtel: Rasenmähen, Fensterputzen, Streichen, Autowaschen und Blumen gießen[33] würden dem leiblichen Sohn seiner Pflegeeltern nicht aufgetragen werden. Harry schläft am Anfang des ersten Buches

---

[27] HP I S. 215
[28] HP VII S.
[29] KHM 21
[30] Vgl. Loidl: Märchenmotive in ‚Harry Potter', PDF: S. 17
[31] HP V S. 7
[32] Vgl. HP I S. 28
[33] Vgl. HP II S. 15

im Schrank unter der Treppe, was dem Schlafen in der Küche vor dem Herd bei Aschenputtel ähnelt. Im zweiten Buch fühlt sich Harry von seiner Pflegefamilie „behandelt[en] wie ein[en] Hund, der aus einem stinkenden Loch gekrochen [ist]".[34] Im Märchen, wie bei J.K. Rowling, spielt auch die Mutter eine wichtige Rolle. In Harry Potters Fall schützt sie durch ihr Opfer nicht nur *ein*mal sein Leben. Die Mutter von Aschenputtel hilft ihrer Tochter aus ihrer misslichen Lebenssituation auszubrechen.

4.1.2.2 Veritabler Held

Jochen Hörisch sagt in einem WELT ONLINE Artikel, die Geschichte Harry Potters sei nach einer „sehr guten, weil immer erneut belastbaren Gebrauchsanweisung"[35] geschrieben: Er beruft sich auf Otto Rank, der erklärt: Ein veritabler Held müsse zuerst einmal ein verstoßener und verachteter Außenseiter und ein Leidender sein, dessen Herkunft im Dunkeln liege.[36]

Die Schwester von Harrys Mutter und ihr Mann verschweigen Harry seine wahre Identität.[37] Wie in 4.1.2.1 beschrieben, wächst Harry in äußerst unangenehmen Verhältnissen auf.[38] Er wird ungerecht von seinen Pflegeeltern behandelt und außerdem von seinem Cousin terrorisiert, dem Harry es auch zu verdanken hat, dass er ein Außenseiter ist.

Teilweise lässt sich der veritable Held im Märchen „Der Froschkönig oder der eiserne Heinrich"[39] wiederfinden. Der Frosch wird von der Prinzessin, die ihn verabscheut, abstoßend behandelt. Ihre Abscheu wird so groß, dass sie das Tier an die Wand wirft. Daraufhin verwandelt sich der Frosch in einen Prinzen und kehrt mit der Prinzessin in sein Königreich zurück.

Harry verlässt nach dem Tod seiner Eltern die Zaubererwelt und wächst bei den ihm einzig verbliebenen Verwandten in der Mugglewelt auf. Schließlich wird er aber wieder zurückgeholt und in Hogwarts vom Außenseiter zum Helden.

---

[34] HP II S. 9

[35] Hörisch: Das Geheimnis von Harry Potters Erfolg. „http://www.welt.de/kultur/article1038908/Das-Geheimnis-von-Harry-Potters-Erfolg.html", aufgerufen am 04.11.12

[36] Ebd.

[37] Vgl. HP I S. 36

[38] Ebd.

[39] KHM 1

4.2 Neville Longbottom

Ähnlich wie bei Harry lassen sich auch bei Neville Andeutungen der Übernahme von bekannten Motiven erkennen, diese sind aber bei weitem nicht so passend wie bei Harry Potter.

4.2.1 Einflüsse aus dem Mythos

Als Neville Voldemorts Schlange Nagini tötet, fängt die Schlacht von Hogwarts endgültig an. In denen von Malory erzählten Geschichten von König Artus fängt die finale Schlacht zwischen ihm und Mordred an, nachdem einer der Ritter Artus' eine Schlange im Gras sieht und sein Schwert zieht um die Schlange zu töten. Er tut dies, obwohl den Rittern befohlen wurde nicht ihre Waffen zu ziehen, da es als Zeichen des Angriffs gesehen werden könnte.[40] Im Gegensatz dazu provoziert Neville Voldemort allerdings ganz bewusst. Neville stürmt aus der Menschenmenge, die Voldemort gegenüber steht, auf den schwarzen Magier zu und tötet dann die Schlange.

4.2.2 Einflüsse aus dem Märchen

Neville wächst mit der Annahme auf, er sei nicht gut genug. Er lebt bei seiner Großmutter, die ihn immer wieder an seine Eltern erinnert; wie begabt sie waren, und was für hervorragende Zauberer. So fühlt sich Neville gezwungen, die Erwartungen seiner Großmutter zu erfüllen, was ihm jedoch nicht so recht gelingt. Immer hat sie etwas an ihm auszusetzen. Trotzdem entwickelt er sich, dank seiner Freunde, immer weiter und wird immer besser, bis er sogar der Leiter der Widerstandsbewegung in Hogwarts wird,[41] und derjenige, der Voldemorts letzten Horkrux vernichtet.[42]

Dies lässt sich auch im Grimmschen Märchen „Die drei Sprachen"[43] wiederfinden. Dort wird der „dumme" Sohn zu drei verschiedenen Meistern geschickt, um etwas zu lernen, als er aber zurückkommt ist der Vater nicht zufrieden damit, dass sein Sohn lediglich die Sprachen der Tiere gelernt hat, und der Vater verstößt ihn. Die Fähigkeit

---

[40] Vgl. Ross: Neville Longbottom and King Arthur. „http://atrossbooks.com/2011/12/28/neville-longbottom-and-king-arthur/". 2011, aufgerufen am 05.11.12

[41] Vgl. 3.2.2.3

[42] Vgl. 3.2.2.4

[43] KHM 33

des Jungen, die Sprachen der Tiere zu sprechen, erweist sich ihm auf seiner Wanderschaft jedoch als sehr nützlich.

Im Gegensatz zu diesem Märchen erkennt Nevilles Großmutter seine Fähigkeiten und sein Potential später an.

5. Fazit

Zusammenfassend lässt sich sagen, dass sich J.K. Rowling durchaus *beeinflussen* hat lassen; unverändert hat die Autorin nämlich nichts übernommen.[44]

Bei einem Blick auf das Gesamtwerk können viele Elemente des Artusstoffes ausgemacht werden, was es einleuchtend erscheinen lässt, dass auch die Helden im Mythos ihren Ursprung haben. Dies wird durch Rowlings Aussage über Harry Potters Verbindung zu König Artus bestätigt.

Eine direkte Beeinflussung durch Märchen ist dahingegen nicht so plausibel: Entweder fallen die Gemeinsamkeiten sehr gering aus, oder die Motive wurden schon von vielen Autoren vor Rowlings Zeit verarbeitet, was die Beeinflussung durch zeitgenössische Literatur wahrscheinlicher macht. Somit ist eine indirekte Beeinflussung nicht ausgeschlossen und sogar höchstwahrscheinlich.

6. Harry Potter als Kommunikationsangebot

Mit Sicherheit lässt sich sagen, dass J.K. Rowling Erfolg hatte. Ihre Bücher haben einen ähnlichen Einfluss auf die Gesellschaft wie früher die Märchen. Mit ihrem Werk bietet Rowling, in einer Zeit, in der die Medien immer mehr unser Leben bestimmen, ein Kommunikationsangebot unter den Lesenden: Kinder, Jugendliche sowie Erwachsene haben, wie in Zeiten oraler Kultur, wieder ein Thema, in dem sich alle auskennen.[45]

---

[44] Vgl. Karg/Mende, Kulturphänomen Harry Potter S. 176
[45] Vgl. Spinner: Im Bann des Zauberlehrlings. In: Im Bann des Zauberlehrlings?, S. 19

7. Quellenverzeichnis

7.1 Primärliteratur

HP I: Rowling: J.K.. Harry Potter und der Stein der Weisen. Hamburg. Carlsen 2000.

HP II: Rowling: J.K.. Harry Potter und die Kammer des Schreckens. Hamburg. Carlsen Verlag 2006.

HP III: Rowling: J.K.. Harry Potter und der Gefangene von Askaban. Hamburg. Carlsen Verlag 2007.

HP IV: Rowling: J.K.. Harry Potter und der Feuerkelch. Hamburg. Carlsen Verlag 2000.

HP V: Rowling. J.K.: Harry Potter und der Orden des Phönix. Hamburg. Carlsen Verlag 2003.

HP VI: Rowling. J.K.: Harry Potter und der Halbblutprinz. Hamburg. Carlsen Verlag 2005.

HP VII: Rowling, J.K.: Harry Potter und die Heiligtümer des Todes. Hamburg, Carlsen Verlag 2007.

KHM 1: Brüder Grimm: Kinder- und Hausmärchen. Der Froschkönig oder der eiserne Heinrich.

KHM 21: Brüder Grimm: Kinder- und Hausmärchen. Aschenputtel.

KHM 33: Brüder Grimm: Kinder- und Hausmärchen. Die drei Sprachen.

7.2 Sekundärliteratur

Göbel, Melanie J.: Harry Potter. „http://www.grin.com/de/e-book/41911/harry-potter". 2003, aufgerufen am 02.11.12. (s. CD, 01-Göbel.pdf)

Duden: Held. „http://www.duden.de/rechtschreibung/Held", aufgerufen am 02.11.12 (s. CD, 02-Duden.pdf)

Held. „http://de.wikipedia.org/wiki/Held", aufgerufen am 02.11.12 (s. CD, 03-Held.pdf)

Heldenreise. „http://de.wikipedia.org/wiki/Heldenreise", aufgerufen am 28.10.12 (s. CD, 04-Heldenreise.pdf)

Brown, Stephen: Die Botschaft des Zauberlehrlings. Die Magie der Marke Harry Potter. München. Carl Hanser Verlag 2005.

Lorenz, Nicole: Märchen. „http://www.seminar-becker.de/Hauptskripte1/Skripte%20GP/MaerchenReferat.doc". 2001, aufgerufen am 03.11.12 (s. CD, 05-Lorenz.doc)

Kann mir jemand sagen was ein Archetyp ist?, „http://www.gutefrage.net/frage/kann-mir-jemand-sagen-was-ein-archetyp-ist". 2008, aufgerufen am 03.11.12 (s. CD, 06-Archetyp.pdf)

Quest. „http://de.wikipedia.org/wiki/Quest", aufgerufen am 04.11.12 (s. CD, 07-Quest.pdf)

Morris, Phyllis D.: Elements of the Arthurian Tradition in Harry Potter. "http://accio.zymurgy.org/05/proc/phyllismorris.pdf", aufgerufen am 01.11.12 (s. CD, 08-Morris.pdf)

Godric Gryffindor. „http://de.harry-potter.wikia.com/wiki/Godric_Gryffindor", aufgerufen am 29.10.12 (s. CD, 09-Gryffindor.pdf)

James (Name). „http://de.wikipedia.org/wiki/James_(Name)", aufgerufen am 31.10.12 (s. CD, 10-James.pdf)

Harry James Potter. „http://www.hp-fc.de/hpfc/inhalte/de/personen/personen.php?Stufe=Gruppierungen;Dumbledores_Armee&Person=Harry_Potter", aufgerufen am 31.10.12 (s. CD, 11-Harry.pdf)

Loidl, Sonja: Märchenmotive in ‚Harry Potter'. GRIN 2006

Hörisch, Jochen: Das Geheimnis von Harry Potters Erfolg. „http://www.welt.de/kultur/article1038908/Das-Geheimnis-von-Harry-Potters-Erfolg.html". 2007, aufgerufen am 04.11.12 (s. CD, 12-Hörisch.pdf)

Ross, A.T.: Neville Longbottom and King Arthur. „http://atrossbooks.com/2011/12/28/neville-longbottom-and-king-arthur/". 2011, aufgerufen am 05.11.12 (s. CD, 13-Neville.pdf)

Karg Ina/Mende Iris: Kulturphänomen Harry Potter. Göttingen. V&R unipress 2010.

Spinner, Kaspar H.: Im Bann des Zauberlehrlings. Tiefenpsychologische und lesepsychologische Gründe für die Faszination von Harry Potter. In: Kaspar H. Spinner: Im Bann des Zauberlehrlings. Zur Faszination von Harry Potter. Regensburg. Verlag Friedrich Pustet 2001, S. 11-20